全国中等职业学校会计专业教材

成本核算实务（第2版）习题册

何义山　主编

中国劳动社会保障出版社

简　介

本习题册与全国中等职业学校会计专业教材《成本核算实务（第二版）》配套使用。习题册按教材章节的顺序编写，题型包括填空题、单项选择题、多项选择题、判断题、简答题、计算题等，供学生课后练习使用。

本习题册配有参考答案，可通过职业教育教学资源和数字学习中心（http: //zyjy.class. com. cn）免费下载。

本书由何义山主编。

图书在版编目（CIP）数据

成本核算实务（第二版）习题册 / 何义山主编. -- 北京：中国劳动社会保障出版社，2019

全国中等职业学校会计专业教材

ISBN 978-7-5167-3689-0

Ⅰ. ①成…　Ⅱ. ①何…　Ⅲ. ①成本计算 - 中等专业学校 - 习题集　Ⅳ. ①F231.2-44

中国版本图书馆 CIP 数据核字（2019）第 017709 号

中国劳动社会保障出版社出版发行

（北京市惠新东街 1 号　邮政编码：100029）

*

北京市艺辉印刷有限公司印刷装订　　新华书店经销

787 毫米 ×1092 毫米　16 开本　3 印张　70 千字

2019 年 2 月第 1 版　　2024 年 8 月第 6 次印刷

定价：6.00 元

营销中心电话：400-606-6496

出版社网址：http://www.class.com.cn

http://jg.class.com.cn

目　录

第一章　成本核算基础知识

一、填空题

1．根据价值理论，商品的价值由生产消耗的生产资料价值C、____________________和______________________________三个部分组成。

2．企业一般应设立直接材料、______________和__________三个成本项目。

3．如果废品损失在产品成本中所占比重较大，管理上需要对其进行控制和考核，则应增设____________成本项目。

4．不计入产品成本的经营管理费用和期间费用按其经济用途划分为____________、__________和财务费用。

5．__________作为价格的主要组成部分，其高低是企业有无竞争能力的关键。

二、单项选择题

1．构成商品的理论成本包括（　　）。

A．已耗费的生产成本资料转移的价值

B．劳动者为自己劳动所创造的价值

C．劳动者为社会劳动所创造的价值

D．已耗尽的生产资料转移的价值和劳动者为自己劳动所创造的价值

2．产品成本的经济实质是（　　）。

A．生产经营过程中所耗费生产资料转移价值的货币表现

B．劳动者为自己劳动所创造价值的货币表现

C．劳动者为社会劳动所创造价值的货币表现

D．企业在生产经营过程中所耗费的资金的总和

3．生产经营管理费用的计算对象是（　　）。

A．各项期间费用的支出及归集过程

B．产品生产成本的形成过程

C．会计要素的增减变动

D．企业生产经营过程中发生的生产成本和期间费用

4．成本会计的首要职能是（　　）职能。

A．核算　　B．核算和监督

C．监督　　D．计划和考核

5．成本会计最基本的任务和中心环节是（　　）。

A．进行成本预测，编制成本计划

B．审核和控制各项费用的支出

C．进行成本核算，提供实际成本的核算资料

D．参与企业的生产经营决策

6．正确计算产品成本，应该做好的基础工作是（　　）。

A．正确划分各种费用界限　　B．确定成本计算对象
C．建立和健全原始记录工作　　D．各种费用的分配

7．下列各项中，不应计入产品成本的费用是（　　）。
A．燃料和动力　　B．生产工人工资及福利费
C．车间、分厂管理人员工资及福利费　　D．期间费用

8．下列各项中，应计入产品成本的费用是（　　）。
A．管理费用　　B．财务费用
C．销售费用　　D．直接用于产品生产的燃料和动力费用

9．下列各项中，应计入产品成本的费用是（　　）。
A．车间机器设备的折旧费　　B．企业行政管理部门设备的折旧费
C．董事会会费　　D．公司业务招待费

10．下列各项中，不应计入产品成本的费用是（　　）。
A．直接用于产品生产、构成产品实体的原材料
B．生产过程中发生的废品损失
C．生产车间固定资产的折旧费
D．专设销售机构人员的工资及福利费

11．下列各项中，不应计入产品成本的费用是（　　）。
A．广告费　　B．生产工人工资及福利费
C．制造费用　　D．生产车间管理人员工资及福利费

12．下列各项中，不属于工业企业成本项目的是（　　）。
A．直接材料　　B．直接人工
C．制造费用　　D．折旧费

13．生产经营管理费用按费用的（　　）分类形成要素费用。
A．经济内容　　B．经济性质
C．经济用途　　D．经济实质

14．下列各项中，不应计入产品成本的费用是（　　）。
A．企业管理人员的工资及福利费　　B．企业支付的动力费用
C．生产工人的工资及福利费　　D．车间管理人员工资及福利费

15．在收入既定的情况下，企业产品销售利润多少，主要取决于（　　）的高低。
A．成本　　B．价格
C．税金　　D．期间费用

三、多项选择题

1．成本的主要作用包括（　　）。
A．补偿生产耗用的尺度
B．综合反映企业工作质量的重要指标
C．企业对外报告的主要内容
D．制定产品价格的重要因素和进行生产经营决策的重要依据

2．成本会计的核算职能包括（　　）。
A．提供反映成本现状的核算资料的功能

B．提供有关预测未来经济活动的成本信息资料的功能

C．控制有关经济活动的功能

D．考核有关经济活动的功能

3．成本会计的职能包括（　　　　）。

A．成本预测和计划　　　　B．成本核算和控制

C．成本考核和分析　　　　D．参与生产经营决策

4．一般来说，企业应根据（　　　　）来确定成本计算对象。

A．本单位生产经营的特点　　　　B．对外报告的需要

C．本单位生产规模的大小　　　　D．本单位成本管理的要求

5．为了正确计算产品成本，应该做好的基础工作有（　　　　）。

A．正确选择各种分配方法　　　　B．定额的制定和修订

C．建立和健全原始记录　　　　D．制定和修订产品计划价格

6．要素费用中的外购材料费用，可能计入（　　　　）成本项目。

A．原材料　　　　B．工资及福利费

C．废品损失　　　　D．制造费用

E．既有直接计入费用，又有间接计入费用

7．工业企业生产经营管理费用中的税金包括（　　　　）。

A．房产税　　　　B．车船税

C．印花税　　　　D．土地使用税

E．增值税

8．下列各项中，构成理论成本的有（　　　　）。

A．生产中耗费的生产资料价值　　　　B．劳动者为自己劳动创造的价值

C．劳动者为社会劳动创造的价值　　　　D．企业交纳的税金

9．工业企业确定产品成本计算方法时，应考虑的因素有（　　　　）。

A．生产组织　　　　B．生产特点

C．工艺过程　　　　D．管理要求

E．成本核算要求

10．制造企业一般设置的三项产品成本项目有（　　　　）。

A．直接材料　　　　B．直接人工

C．燃料及动力　　　　D．制造费用

四、判断题

1．成本预测和计划是成本会计最基本的任务。（　　）

2．为了正确地计算产品成本，应该正确地划分各个会计期间费用界限。（　　）

3．为了正确地计算产品成本，应该正确地划分各种产品成本的费用界限。（　　）

4．企业生产经营活动的原始记录，是进行成本预测、编制成本计划、进行成本核算的依据。（　　）

5．工资和福利费用是产品成本项目。（　　）

6．企业借款的利息支出，应该计入产品的生产成本，因为利息支出是产品成本项目。（　　）

7．期间费用包括管理费用、财务费用和制造费用。（ ）

8．企业根据实际需要，可以设置“基本生产”“辅助生产”“制造费用”等账户。（ ）

9．制造费用属于间接费用，与产品生产无直接联系，不计入产品成本，可直接计入当期损益。（ ）

10．每个企业或车间在计算产品成本时，都应根据生产特点和管理要求来确定适宜的成本计算方法。（ ）

五、简答题

1．成本的作用有哪些？

2．怎样进行成本核算工作才符合规范？

3．为了正确计算产品成本和期间费用，需要划分哪些费用的界限？

4．在会计工作中，我们应该设置哪些会计账户表现成本核算工作？

第二章　材料采购成本核算

一、填空题

1. 按材料来源不同，可将材料分为__________、___________和委托加工材料三种形式。

2. ________是资产类账户，用于核算库存各种材料的收发与结存情况。

3. 购入材料的成本核算方法有______________和_____________两种。

4. ___________账户反映企业已入库各种材料的实际成本与计划成本的差异。

5. 材料采购成本 =_________+ 采购费用。

二、单项选择题

1. 下列属于工业企业材料类别的是（　　）。

A．原材料　　B．辅助材料
C．包装物　　D．工程物资

2. 在实际成本法下，付款在先、收料在后的业务，应该通过（　　）账户进行核算。

A．材料采购　　B．原材料
C．工程物资　　D．在途物资

3. 下列不属于材料采购费用的是（　　）。

A．运输途中合理损耗　　B．入库前挑选整理费
C．采购运输费　　D．入库后仓储费

4. 在实际成本法下，不是材料采购成本核算需要设置的账户是（　　）。

A．在建工程　　B．应付账款
C．原材料　　D．银行存款

5. 下列属于计划成本法核算的账户是（　　）。

A．原材料　　B．应付账款
C．材料成本差异　　D．库存现金

6. 某企业采用计划成本进行材料的日常核算。月初结存材料的计划成本为 80 万元，成本差异为超支 20 万元。当月购入一批材料，实际成本为 110 万元，计划成本为 120 万元。当月领用材料的计划成本为 100 万元，当月领用材料应负担的材料成本差异为（　　）万元。

A．超支 5　　B．节约 5
C．超支 15　　D．节约 15

7. 某企业对材料采用计划成本核算。20×× 年 12 月 1 日，结存材料的计划成本为 400 万元，材料成本差异贷方余额为 6 万元；当月入库材料的计划成本为 2 000 万元，材料成本差异借方发生额为 12 万元；当月发出材料的计划成本为 1 600 万元。该企业 20×× 年 12 月 31 日结存材料的实际成本为（　　）万元。

A．798　　B．800
C．802　　D．1 604

8．某企业材料采用计划成本核算。月初结存材料计划成本为 130 万元，材料成本差异为节约 20 万元。当月购入一批材料，实际成本 110 万元，计划成本 120 万元，领用材料的计划成本为 100 万元。该企业当月领用材料的实际成本为（　　）万元。

A．88　　B．96

C．100　　D．112

9．某企业月初结存材料的计划成本为 250 万元，材料成本差异为超支 45 万元；当月入库材料的计划成本为 550 万元，材料成本差异为节约 85 万元；当月生产车间领用材料的计划成本为 600 万元。当月生产车间领用材料的实际成本为（　　）万元。

A．502.5　　B．570

C．630　　D．697.5

10．某企业材料采用计划成本核算，月初材料计划成本为 30 万元，材料成本差异为节约 2 万元；当月购入材料的实际成本为 110 万元，计划成本为 120 万元；当月领用材料的计划成本为 100 万元，月末该企业结存材料的实际成本为（　　）万元。

A．48　　B．46

C．50　　D．54

三、多项选择题

1．企业对存货采用实际成本法核算时，需要设置的账户有（　　）。

A．原材料　　B．在途物资

C．材料采购　　D．材料成本差异

2．某企业原材料采用计划成本法核算，下列各项中，该企业应在“材料成本差异”账户贷方登记的有（　　）。

A．入库原材料的成本超支差异　　B．发出原材料应负担的成本超支差异

C．入库原材料的成本节约差异　　D．发出原材料应负担的成本节约差异

3．某企业为增值税一般纳税人，开出银行承兑汇票购入原材料一批，并支付银行承兑手续费。下列各项中，关于该企业采购原材料的会计处理表述正确的有（　　）。

A．支付的运输费计入材料成本

B．支付的可以抵扣的增值税进项税额计入材料成本

C．支付的原材料价款计入材料成本

D．支付的票据承兑手续费计入财务费用

4．下列有关材料的说法中，正确的有（　　）。

A．企业为包装产品而储备的包装物作为材料核算

B．材料包括原料及主要材料、辅助材料、燃料等

C．材料的采购成本包括为购买存货而发生的运输费、装卸费和保险费

D．材料采购过程中发生的合理损耗计入当期费用

5．某一般纳税人企业购进一批原材料，材料已验收入库，月末发票账单尚未收到，也无法确定其实际成本，暂估价值为 100 万元。假定不考虑其他因素，则下列关于该业务的说法中，正确的有（　　）。

A．发票账单未到，无法确定其实际成本，不应该将材料确认为企业的存货

B．原材料应该按照成本 100 万元入账

C．企业应该确认应付账款 100 万元

D．企业应该在实际收到发票账单时再进行入账

6．投资者投入材料的成本可能是（　　　　）。

A．公允价值　　　　B．协议价或合同价

C．现值　　　　D．可变现净值

7．下列关于“在途物资”账户说法正确的有（　　　　）。

A．“在途物资”是资产类账户，用于企业采用实际成本（进价）法核算发票已开但尚未验收入库的各种物资（即在途物资）的采购成本

B．本账户应按供应单位和物资品种进行明细核算

C．本账户的借方登记企业购入的在途物资的实际成本

D．本账户贷方登记验收入库的在途物资的实际成本

四、判断题

1．企业采用计划成本核算原材料，平时收到原材料时应按实际成本借记“原材料”账户，领用或发出原材料时应按计划成本贷记“原材料”账户，期末再将发出材料和期末结存材料调整为实际成本。（　　）

2．材料包括原料及主要材料、辅助材料、燃料、在产品、委托加工物资等。（　　）

3．外购材料的成本主要包括购买价款、相关税费、运输费、装卸费、保险费、运输中存货的非合理损耗。（　　）

4．盘盈的存货应按其现值作为入账价值。（　　）

5．“材料采购”账户在计划成本法下用于核算购进材料的成本。（　　）

五、简答题

1．简述材料的类别并举例说明。

2．实际成本法和计划成本法核算有哪几项区别点？

3．材料采购成本构成是如何确定的？

4．材料成本差异借贷方各表示什么意思？

六、计算题

1．誉城公司材料按实际成本核算，20×× 年 3 月的期初结存如下：

原材料总账：期初余额 119 500 元。

原材料明细账：圆钢 4 000 kg，4.25 元 /kg，价款 17 000 元。

扁钢 6 000 kg，4.50 元 /kg，价款 27 000 元。

铜材 5 000 kg，15.10 元 /kg，价款 75 500 元。

3 月份誉城公司发生下列经济业务：

（1）3 日，银行转来鞍山钢铁厂委托收款凭证，金额为 72 638 元，内附增值税专用发票列明圆钢 9 000 kg，4.20 元 /kg，价款 37 800 元，增值税 6 048 元；扁钢 5 000 kg，4.30 元 /kg，价款 21 500 元，增值税 3 440 元；另外代垫运输业增值税专用发票列明运费 3 500 元，增值税 350 元。经审核无误，同意付款，运杂费按材料重量比例分配。

（2）6 日，仓库转来收料单，向鞍山钢铁厂采购的圆钢、扁钢到货，验收入库。

（3）9 日，向广州钢铁厂采购材料，收到增值税专用发票列明圆钢 6 000 kg，4.28 元 /kg，价款 25 680 元，增值税 4 108.8 元，另有运输业增值税专用发票列明运费 300 元，增值税 30 元，货款和运费以转账支票付讫。

（4）13 日，仓库转来收料单，向广州钢铁厂采购的圆钢到货，验收入库。

（5）16 日，向柳州钢铁厂采购材料，收到增值税专用发票列明扁钢 7 000 kg，4.5 元 /kg，价款 31 500 元，增值税 5 040 元，另有运输业增值税专用发票列明运费 1 800 元，增值税 180 元。扁钢到货，验收入库，货款尚未支付。

（6）22 日，向珠江钢铁厂采购材料，收到增值税专用发票列明圆钢 3 000 kg，4.10 元 /kg，价款 12 300 元，增值税 1 968 元，另有运输业增值税专用发票列明运费 490 元，增值税 49 元，货款和运费以转账支票付讫。圆钢同时验收入库。

（7）24 日，向云南铜业股份公司购入铜材 7 000 kg，增值税专用发票列明：15.40 元 /kg，价款 107 800 元，另有运输业增值税专用发票列明运费 1 600 元，增值税 160 元，所有款项未付，铜材到货并验收入库。

要求（计算结果保留两位小数）：

（1）计算材料采购成本，填列材料采购成本计算表。

（2）编制会计分录。

（3）仓库管理人员验收材料，填制收料单，登记材料明细账（凭证编号按经济业务的序号填写）。

材料采购成本计算表

年　月　日

材料	买价（元）	重量（kg）	分配率	应分配采购费（元）	材料采购成本（元）

材料采购成本计算表

年　月　日

材料	买价（元）	重量（kg）	分配率	应分配采购费（元）	材料采购成本（元）

材料采购成本计算表

年　月　日

材料	买价（元）	重量（kg）	分配率	应分配采购费（元）	材料采购成本（元）

材料采购成本计算表

年　月　日

材料	买价（元）	重量（kg）	分配率	应分配采购费（元）	材料采购成本（元）

材料采购成本计算表

年　月　日

材料	买价（元）	重量（kg）	分配率	应分配采购费（元）	材料采购成本（元）

收料单

年　月　日　　　　字　号

编号	材料名称	规格	单位	送验数量	实收数量	单价（元）	金额									
							千	百	十	万	千	百	十	元	角	分
备注					验收人盖章		合计									

收料单

年　月　日　　　　字　号

编号	材料名称	规格	单位	送验数量	实收数量	单价（元）	金额									
							千	百	十	万	千	百	十	元	角	分
备注					验收人盖章		合计									

收料单

年　月　日　　　　字　号

编号	材料名称	规格	单位	送验数量	实收数量	单价（元）	金额									
							千	百	十	万	千	百	十	元	角	分
备注					验收人盖章		合计									

收料单

年　月　日　　　　　　　　　　　　　　字　号

<table>
<tr><td rowspan="2">编号</td><td rowspan="2">材料名称</td><td rowspan="2">规格</td><td rowspan="2">单位</td><td rowspan="2">送验数量</td><td rowspan="2">实收数量</td><td rowspan="2">单价（元）</td><td colspan="10">金额</td></tr>
<tr><td>千</td><td>百</td><td>十</td><td>万</td><td>千</td><td>百</td><td>十</td><td>元</td><td>角</td><td>分</td></tr>
<tr><td></td><td></td><td></td><td></td><td></td><td></td><td></td><td></td><td></td><td></td><td></td><td></td><td></td><td></td><td></td><td></td><td></td></tr>
<tr><td></td><td></td><td></td><td></td><td></td><td></td><td></td><td></td><td></td><td></td><td></td><td></td><td></td><td></td><td></td><td></td><td></td></tr>
<tr><td></td><td></td><td></td><td></td><td></td><td></td><td></td><td></td><td></td><td></td><td></td><td></td><td></td><td></td><td></td><td></td><td></td></tr>
<tr><td colspan="5">备注</td><td>验收人盖章</td><td></td><td colspan="10">合计</td></tr>
</table>

收料单

年　月　日　　　　　　　　　　　　　　字　号

<table>
<tr><td rowspan="2">编号</td><td rowspan="2">材料名称</td><td rowspan="2">规格</td><td rowspan="2">单位</td><td rowspan="2">送验数量</td><td rowspan="2">实收数量</td><td rowspan="2">单价（元）</td><td colspan="10">金额</td></tr>
<tr><td>千</td><td>百</td><td>十</td><td>万</td><td>千</td><td>百</td><td>十</td><td>元</td><td>角</td><td>分</td></tr>
<tr><td></td><td></td><td></td><td></td><td></td><td></td><td></td><td></td><td></td><td></td><td></td><td></td><td></td><td></td><td></td><td></td><td></td></tr>
<tr><td></td><td></td><td></td><td></td><td></td><td></td><td></td><td></td><td></td><td></td><td></td><td></td><td></td><td></td><td></td><td></td><td></td></tr>
<tr><td></td><td></td><td></td><td></td><td></td><td></td><td></td><td></td><td></td><td></td><td></td><td></td><td></td><td></td><td></td><td></td><td></td></tr>
<tr><td colspan="5">备注</td><td>验收人盖章</td><td></td><td colspan="10">合计</td></tr>
</table>

收料单

年　月　日　　　　　　　　　　　　　　字　号

<table>
<tr><td rowspan="2">编号</td><td rowspan="2">材料名称</td><td rowspan="2">规格</td><td rowspan="2">单位</td><td rowspan="2">送验数量</td><td rowspan="2">实收数量</td><td rowspan="2">单价（元）</td><td colspan="10">金额</td></tr>
<tr><td>千</td><td>百</td><td>十</td><td>万</td><td>千</td><td>百</td><td>十</td><td>元</td><td>角</td><td>分</td></tr>
<tr><td></td><td></td><td></td><td></td><td></td><td></td><td></td><td></td><td></td><td></td><td></td><td></td><td></td><td></td><td></td><td></td><td></td></tr>
<tr><td></td><td></td><td></td><td></td><td></td><td></td><td></td><td></td><td></td><td></td><td></td><td></td><td></td><td></td><td></td><td></td><td></td></tr>
<tr><td></td><td></td><td></td><td></td><td></td><td></td><td></td><td></td><td></td><td></td><td></td><td></td><td></td><td></td><td></td><td></td><td></td></tr>
<tr><td colspan="5">备注</td><td>验收人盖章</td><td></td><td colspan="10">合计</td></tr>
</table>

原材料明细账

明细账户：圆钢　　　　　　　　　　　　　　计量单位：

<table>
<tr><td colspan="2">20××年</td><td rowspan="2">凭证编号</td><td rowspan="2">摘要</td><td colspan="3">收入</td><td colspan="3">发出</td><td colspan="3">结存</td></tr>
<tr><td>月</td><td>日</td><td>数量</td><td>单价</td><td>金额</td><td>数量</td><td>单价</td><td>金额</td><td>数量</td><td>单价</td><td>金额</td></tr>
<tr><td></td><td></td><td></td><td></td><td></td><td></td><td></td><td></td><td></td><td></td><td></td><td></td><td></td></tr>
<tr><td></td><td></td><td></td><td></td><td></td><td></td><td></td><td></td><td></td><td></td><td></td><td></td><td></td></tr>
<tr><td></td><td></td><td></td><td></td><td></td><td></td><td></td><td></td><td></td><td></td><td></td><td></td><td></td></tr>
<tr><td></td><td></td><td></td><td></td><td></td><td></td><td></td><td></td><td></td><td></td><td></td><td></td><td></td></tr>
<tr><td></td><td></td><td></td><td></td><td></td><td></td><td></td><td></td><td></td><td></td><td></td><td></td><td></td></tr>
<tr><td></td><td></td><td></td><td></td><td></td><td></td><td></td><td></td><td></td><td></td><td></td><td></td><td></td></tr>
<tr><td></td><td></td><td></td><td></td><td></td><td></td><td></td><td></td><td></td><td></td><td></td><td></td><td></td></tr>
</table>

原材料明细账

明细账户：扁钢　　　　　　　　　　　　　　　　　　　　　　　　　　计量单位：

20×× 年		凭证编号	摘要	收入			发出			结存		
月	日			数量	单价	金额	数量	单价	金额	数量	单价	金额

原材料明细账

明细账户：铜材　　　　　　　　　　　　　　　　　　　　　　　　　　计量单位：

20×× 年		凭证编号	摘要	收入			发出			结存		
月	日			数量	单价	金额	数量	单价	金额	数量	单价	金额

2. 某企业存货账户 – 甲材料 20×× 年 5 月末的情况如下：“原材料”账户借方余额 24 000 元，“材料成本差异”账户借方余额 400 元。甲材料的计划单位成本为 24 元。

6 月份发生业务如下：

（1）6 月 5 日，向华新公司购入甲材料 4 000 千克，价款 98 000 元，增值税 15 680 元，款项尚未支付，材料已经验收入库。该批材料的计划成本为 96 000 元。

（2）6 月 30 日，生产 A 产品领用甲材料 3 000 千克，计划成本为 72 000 元；生产 B 产品领用甲材料 1 500 千克，计划成本为 36 000 元。

要求：

（1）根据上述资料编制必要的会计分录。

（2）计算材料本月材料差异率。

（3）计算本月发出材料负担成本差异额，并编制会计分录。

（4）计算本月发出材料的实际成本。

（5）计算月末结存材料的实际成本。

第三章　材料费用的核算

一、填空题

1．材料费用的分配方法主要有按质量比例分配、____________________、____________________和按定额费用比例分配等。

2．直接进行产品生产的生产工人薪酬，专门设有____________________成本项目。

3．分配辅助费用的方法主要有直接分配法、__________________、__________________、计划成本分配法和顺序分配法。

4．______________是以直接计入各种产品成本的生产工人实际工资的比例作为分配标准分配制造费用的一种方法。

5．生产车间计提的固定资产折旧，借记____________账户，贷记“累计折旧”账户。

6．____________________是指企业在产品生产过程中由于生产原因而发生的不能形成正常产出的损失。

二、单项选择题

1．直接用于产品生产并构成该产品实体的原材料费用，应记入（　　）账户。

A．基本生产成本　　B．制造费用

C．管理费用　　D．销售费用

2．企业行政管理部门人员的工资费用，应记入（　　）账户。

A．营业外支出　　B．销售费用

C．其他业务支出　　D．管理费用

3．在材料费用的耗用与产品的质量或体积相关性比较大的情况下，材料费用的分配可采用（　　）。

A．定额耗用量比例分配法　　B．产品产量比例分配法

C．产品质量比例分配法　　D．产品材料定额成本比例分配法

4．辅助生产费用交互分配法中的第一次交互分配是在（　　）之间进行分配。

A．各受益单位　　B．辅助生产车间以外的受益单位

C．各受益的基本生产车间　　D．各受益的辅助生产车间

5．下列辅助生产费用分配法中，不在辅助生产单位之间分配费用的方法是（　　）。

A．直接分配法　　B．交互分配法

C．代数分配法　　D．计划成本分配法

6．如果辅助生产车间规模不大，制造费用不多，为了简化核算，其制造费用可直接计入（　　）。

A．账务费用　　B．辅助生产成本

C．基本生产成本　　D．管理费用

7．辅助生产费用分配采用计划成本分配法计算出的辅助生产成本的差异，为简化核算，可全部计入（　　）。

A．辅助生产成本 B．制造费用

C．基本生产成本 D．管理费用

8．在各受益对象之间分配的辅助生产费用是（　　）。

A．本期发生的费用 B．期初在产品成本

C．期末在产品成本 D．生产费用合计数

9．采用辅助生产费用分配的交互分配法，对外分配的费用总额是（　　）。

A．交互分配前的费用

B．交互分配前的费用加上交互分配转入的费用

C．交互分配前的费用减去交互分配转出的费用

D．交互分配前的费用加上交互分配前转入的费用，减去交互分配转出的费用

10．企业核算的费用损失，一般是指（　　）。

A．辅助生产车间的废品损失

B．基本生产车间的废品损失

C．基本生产车间和辅助生产车间的废品损失

D．产品销售后发生的废品损失

11．废品净损失分配转出时，应借记（　　）账户。

A．废品损失 B．基本生产成本

C．管理费用 D．制造费用

12．下列各个项目中，属于废品损失项目的是（　　）。

A．不可修复废品的生产成本 B．入库后保管不善造成的损失

C．不合格品的降价损失 D．出售以后发现的废品损失

13．将在产品数量按照完工程度折算为约当产量，然后按照完工产品数量和在产品约当产量的比例，分配完工产品成本与月末在产品成本的方法称为（　　）。

A．约当产量法 B．定额比例法

C．在产品按所耗原材料费用计价法 D．固定成本计价法

14．在产品按所耗原材料费用计价法适用于（　　）的产品。

A．产品成本中原材料费用比重较大 B．原材料分工序投入

C．原材料在生产开始时一次性投入 D．原材料随着生产进度陆续投入

15．某企业生产产品经过两道工序，各工序的工时定额为30小时和40小时，则第二道工序在产品的完工程度为（　　），假设各道工序完工进度为50%。

A．68% B．69%

C．70% D．71%

16．企业定额管理基础较好，各项耗用定额或费用定额比较准确、稳定，且各月月末在产品数量变化不大的企业，在产品计算可采用（　　）。

A．定额成本法 B．约当产量法

C．原材料费用法 D．定额比例法

17．“停工损失”账户的余额可能结转到（　　）账户。

A．管理费用 B．营业外支出

C．辅助生产成本 D．制造费用

18．制造费用最常见的分配标准是（　　）。

A．直接人工实际工时比例分配法　　B．定额比例法

C．约当产量法　　D．定额成本法

19．下列不属于职工薪酬内容的是（　　）。

A．职员出差的伙食补助和误餐补助　　B．工会经费和职工教育经费

C．职工福利费　　D．职工工资、奖金、津贴和补贴

20．发出材料的成本可采用（　　）来计算确定。

A．毛利率法　　B．售价金额法

C．先进后出法　　D．个别计价法

三、多项选择题

1．期间费用包括（　　）。

A．制造费用　　B．财务费用

C．管理费用　　D．销售费用

2．下列各项中，属于成本项目的有（　　）。

A．直接材料费　　B．燃料及动力费

C．直接人工费　　D．废品损失费

3．计入产品成本的各种材料费用，按其用途分配，应记入（　　）账户的借方。

A．基本生产成本　　B．管理费用

C．制造费用　　D．销售费用

4．生产车间发生的计入产品成本的其他费用支出有（　　）。

A．劳动保护费　　B．利息支出

C．固定资产修理费　　D．水电费

5．辅助生产车间发生的固定资产折旧费，可能借记（　　）账户。

A．制造费用　　B．辅助生产成本

C．基本生产成本　　D．管理费用

6．辅助生产费用的分配方法有（　　）。

A．直接分配法　　B．交互分配法

C．代数分配法　　D．计划成本分配法

7．辅助生产分配法中，考虑到辅助生产单位之间交互分配的方法有（　　）。

A．直接分配法　　B．交互分配法

C．代数分配法　　D．计划成本分配法

8．采用代数分配法分配辅助生产费用时，分配结转辅助生产费用的会计分录中对应的借方账户主要有（　　）。

A．辅助生产成本　　B．基本生产成本

C．制造费用　　D．管理费用

9．废品损失包括（　　）。

A．不可修复废品的净损失　　B．销售退回废品的生产成本

C．废品的修复费用　　D．保管不善产生的废品损失

10．下列属于职工薪酬范围的有（　　）。

A．职工福利费　　B．工会经费和职工教育经费

C．非货币性福利　　　　D．职工市内交通补助

四、判断题

1．企业按月计提的固定资产折旧费用，应全部计入产品成本。（　　）

2．在一般情况下，企业在本期投产的产品往往能在本期完工，本期完工的产品一定全部都是由本期投产的。（　　）

3．在几种产品共同耗用一种材料的情况下，材料费用应采用材料定额成本比例分配法进行分配。（　　）

4．辅助生产车间发生的制造费用，一般情况下，可直接记入辅助生产车间的“生产成本”账户。（　　）

5．辅助生产费用的交互分配法，先进行辅助生产车间的交互分配，然后进行对外分配。（　　）

6．采用直接分配法分配辅助生产费用，既简单又比较准确。（　　）

7．辅助生产费用按代数分配法分配，其结果最为准确。（　　）

8．采用计划分配率分配制造费用，实际与预定计划分配额的差异，年终可调整记入“管理费用”账户。（　　）

9．采用交互分配法，交互分配以后各辅助生产单位的待分配费用，应分配给全部受益对象。（　　）

10．采用直接分配法，辅助生产单位之间相互提供的劳务，不相互分配费用。（　　）

11．在产品成本按年初固定成本计算，意味着企业本年度每个月月末在产品成本均相等。（　　）

12．对于各项消耗定额或费用定额比较准确的，各月月末在产品数量变化较大的产品，月末在产品可按定额成本法计算。（　　）

13．在产品的约当产量是指期末在产品按其完工程度折算的数量。（　　）

五、简答题

1．材料费用的分配方法有哪几种？

2．简述职工薪酬包括的内容。

3. 辅助生产费用分配方法有哪几种？

4. 生产费用在完工产品与在产品之间分配的方法有哪几种？

六、计算题

1. 誉城公司设有供水和供电两个辅助生产车间，为全厂提供劳务。20×× 年 6 月，各辅助生产车间发生的费用及劳务量见下表。

辅助生产车间发生的费用及劳务量

受益单位		供水车间		供电车间	
		劳务量（吨）	费用额（元）	劳务量（度）	费用额（元）
基本生产车间	甲产品	600		2 880	
	乙产品	960		1 680	
	一般耗用	720		2 160	
辅助生产车间	供水车间			3 000	
	供电车间	1 200			
行政管理部门		360		960	
合计		3 840	5 280	10 680	4 608

要求：根据上述资料，采用直接分配法分配辅助生产费用，编制会计分录，并将计算结果填入辅助生产成本分配表。

辅助生产成本分配表

受益单位		供水车间			供电车间			合计
		数量	分配率	金额	数量	分配率	金额	
待分配费用								
基本生产车间	甲产品							
	乙产品							
	一般耗用							
行政管理部门								
合计								

2. 20×× 年 8 月，正源公司有关制造费用归集和分配资料见下表。

制造费用归集和分配资料

车间项目	第一生产车间	
	甲产品	乙产品
生产工人工时	31 000	19 000
机器工时	5 200	2 700
生产工人薪酬	37 600	23 200
全年计划产量	70 000	30 000
工时定制	4	6
全年计划制造费用	865 200	
8 月份制造费用	75 600	

8 月份，生产甲产品 6 000 件，乙产品 2 000 件。

要求：分别采用直接人工工时比例法、直接人工成本比例法、机器工时比例法进行制造费用分配的计算，并编制相应的会计分录。

3. 艾力特公司铸造车间在产品质量检验中，发现 15 件 A 铸件硬度不够，在技术上已无法修复，予以报废。相关支出：本月生产 A 铸件 4 000 件，其中，合格品生产工时为 120 000 小时，废品工时为 5 000 小时。A 产品生产成本明细账所列合格品和废品的全部生产费用为：直接材料 200 000 元，直接人工 126 000 元，制造费用 72 000 元，共计 398 000 元，废品残料回收入库价值 1 500 元。该铸件所需原料在生产开工时一次全部投入。

要求：计算不可修复废品的生产成本，确认废品损失，编制相应的会计分录和不可修复废品计算表。

不可修复废品计算表

项目	数量	直接材料	生产工时	直接人工	制造费用	成本合计
生产费用总额						
费用分配率						
废品成本						
残值价值						
废品损失						

4．中信公司生产 A 产品需顺序经过三道工序连续加工才能完成，在产品在各工序的完工程度均为 60 %。具体资料见下表。

工时及在产品数量表

项目	一工序	二工序	三工序	合计
工时定额（小时）	25	35	40	100
在产品数量（件）	180	150	170	500

要求：计算填列各工序在产品完工率及全部在产品约当产量，编制约当产量计算表。

约当产量计算表

项目	一工序	二工序	三工序	合计
加工程度				
约当产量				

5．春华机械公司本月生产 A 产品，月初在产品和本月生产费用见下表。

产品成本计算表

产品名称：A 产品	产品成本项目			
摘要	直接材料	直接人工	制造费用	合计
月初在产品成本	7 680	3 750	5 250	16 680
本月生产费用	86 400	30 000	51 000	167 400
生产费用合计	94 080	33 750	56 250	184 080
完工产品成本				
月末在产品成本				

A 产品本月完工产品 600 件，月末在产品 200 件，有关定额资料见下表。

定额资料

项目	原材料单件定额成本	单件定额工时
完工产品	90	100
月末在产品	50	75

人工费每小时 1 元，制造费用每小时 2 元。

要求：用定额成本法将生产费用在完工产品和月末在产品之间分配。

第四章　制造成本核算

一、填空题

1．成本计算的基本方法有________、________和分步法三种。

2．品种法，也称简单法，是以________为产品成本计算对象，归集和分配生产费用的方法。它适用于____________________生产的企业。

3．产品成本计算的分批法，是按照产品批别归集生产费用、计算产品成本的方法。它主要适用于单件小批类型的生产，也可用于一般企业中的新产品试制或试验的生产、________________以及________________等。

4．在实际工作中，根据成本管理对各生产步骤成本资料的不同要求和简化核算的要求，各生产步骤成本的计算和结转，一般采用________和________两种方法。

5．____________________适用于大量大批连续式复杂生产的企业。

二、单项选择题

1．品种法的成本计算对象是（　　）。

A．每个加工阶段的半成品及最后加工阶段的产成品

B．各产品品种

C．产品的批别或订单

D．各车间的制造费用

2．在大量大批多步骤生产的情况下，如果管理上不要求分步骤计算产品成本，其所采用的成本计算方法是（　　）。

A．品种法　　B．分批法

C．分步法　　D．分类法

3．如果企业只生产一种产品，那么产生的生产费用（　　）。

A．可以全部直接计入产品成本

B．可以全部间接计入产品成本

C．需要经分配后计入产品成本

D．可以部分直接计入产品成本，可以部分间接计入产品成本

4．在品种法下，计算月末完工产品成本时（　　）。

A．只需要将本月发生的费用结转给完工产品

B．只需要将月度发生的费用在完工产品和在产品之间分配

C．需要将月初在产品的成本和本月发生的费用一起结转给完工产品

D．需要将月初在产品的成本和本月发生的费用合计数在完工产品和在产品之间进行分配

5．分批法的主要特点是（　　）。

A．批内产品都同时完工，不存在完工产品与在产品之间分配费用的问题

B．以产品批别为成本计算对象

C．费用归集和分配比较简便

D．定期计算成本

6．分批法适用于（　　）的企业。

A．大量大批生产　　B．单件小批生产

C．单步骤生产　　D．大量生产

7．采用分批法计算产品成本时，若是单件生产，月末计算产品成本时（　　）。

A．需要将生产费用在完工产品和在产品之间进行分配

B．不需要将生产费用在完工产品和在产品之间进行分配

C．区别不同情况确定是否分配生产费用

D．应采用同小批生产一样的核算方法

8．平行结转分步法中的在产品是指（　　）。

A．本步骤在产品

B．最终产成品

C．各步骤尚未加工完成的在产品

D．各步骤尚未加工完成的在产品和各步骤已完工但尚未最终完成的产品

9．分步法适用于（　　）。

A．大批大量生产　　B．单件生产

C．小批生产　　D．大量生产

10．产品成本计算的分步法是（　　）。

A．分车间计算产品成本的方法

B．计算各步骤半成品和最后产成品成本的方法

C．按生产步骤计算生产成本的方法

D．计算产品成本中各步骤份额的方法

三、多项选择题

1．品种法适用于（　　）。

A．大量大批的单步骤生产

B．大量大批的多步骤生产

C．管理上不要求分步骤计算成本的大量大批的多步骤生产

D．单件小批在管理上不要求分步骤计算成本的多步骤生产

2．下列对品种法的表述中，正确的有（　　）。

A．以产品品种为成本计算对象

B．成本计算期与会计报告期一致

C．可以用于大量单步骤生产产品的企业

D．用于大量大批、多步骤生产产品的企业

3．下列关于在品种法下成本计算期的表述中，正确的有（　　）。

A．固定的　　B．不固定

C．与会计报告期一致　　D．与生产周期一致

4．产品成本计算的基本方法包括（　　）。

A．品种法　　B．分批法

C．定额法　　D．分步法

5．下列关于品种法的表述中，正确的有（　　）。

A．品种法的成本计算对象是产品品种

B．品种法的成本计算期与生产周期一致

C．品种法的成本计算程序是分批法和分步法的理论基础

D．品种法下可以不计算月末在产品成本

6．产品成本计算的分批法用于（　　）。

A．单件小批类型的生产　　B．一般企业中的新产品试制

C．在建工程　　D．设备修理作业

7．分批法成本计算的特点有（　　）。

A．以生产批次作为成本计算对象

B．产品成本计算期不固定

C．按月计算产品成本

D．一般不需要进行完工产品和在产品成本分配

8．下列企业中，适用分批法的有（　　）。

A．造船企业　　B．发电企业

C．新产品的试制企业　　D．采煤企业

9．受生产特点和管理要求的影响，产品成本计算工作中有着（　　）等成本计算对象。

A．产品品种　　B．产品类型

C．产品批别　　D．产品生产步骤

10．在确定产品成本计算基本方法时，应适应以下（　　）的要求。

A．生产组织特点　　B．定额管理基础的好坏

C．生产工艺特点　　D．月末是否有在产品

四、判断题

1．凡采用品种法计算产品成本的企业，都可以不计算期末在产品成本。（　　）

2．如果企业只生产一种产品，本月发生的直接材料、直接工资和制造费用全部是直接费用，可直接计入所生产的产品中，无须进行任何生产费用分配。（　　）

3．品种法的成本计算期与生产周期一致。（　　）

4．采用分批法计算产品成本时，不存在完工产品与月末在产品之间分配费用的问题。（　　）

5．采用分批法计算产品成本时，其成本计算期与生产周期一致，而与会计报告期不一致。（　　）

6．分步法中各生产步骤成本的计算和结转采用两种不同的方法，逐步结转和平行结转。（　　）

7．产品成本的分步法适合于大量大批单步骤生产企业的成本核算。（　　）

8．成本计算对象是区分产品成本计算各种方法的主要标志。（　　）

9．平行结转分步法的关键是正确计算各步骤生产耗费中应计入产成品成本中的份额。（　　）

10．生产特点和管理要求对产品成本计算的影响，主要表现在成本计算对象的确定上。（　　）

五、简答题

1．请说明品种法的核算对象、核算特点和适用范围。

2．简述品种法下成本核算的一般程序。

3．请说明分批法的核算对象、核算特点和适用范围。

4．简述平行结转分步法特点。

六、计算题

1．中信器材公司生产甲、乙两种产品，生产组织属于小批生产，采用分批法计算成本。

（1）5月份的产品批号有：

201 批号：甲产品 10 台，本月投产，本月完工 6 台。

202 批号：乙产品 10 台，本月投产，本月完工 2 台。

（2）5 月份各批号生产费用资料见下表。

生产费用分配表

批号	原材料	工资及福利费	制造费用
201	3 360	2 350	2 800
202	4 600	3 050	1 980

201 批号甲产品完工数量较多，原材料在生产开始时一次投入，其他费用在完工产品与在产品之间采用约当产量比例法分配，在产品完工程度为 50 %。

202 批号乙产品完工数量较少，完工产品按计划成本结转。每台产品单位计划成本为：原材料费用 460 元，工资及福利费用 350 元，制造费用 240 元。

要求：根据上述资料，采用分批法，登记甲产品成本计算单，并计算各批产品的完工成本和月末在产品成本。

产品成本计算单

产品名称：甲产品　　　　产成品：6 件　在产品：4 件

摘要	直接材料	直接人工	制造费用	合计
本月发生生产费用				
生产费用合计				
完工产品数量				
在产品约当产量				
总约当产量				
分配率（单位成本）				
完工产品总成本				
月末在产品成本				

2. 春华电子厂采用品种法计算产品成本。该厂生产 A、B 两种产品，月末在产品成本只包括原材料价值，不分摊工人工资和其他费用。A、B 两种产品的共同费用按工人工资的比例分配。该厂 20×× 年 9 月初 A 产品的在产品实际成本为 2 200 元，B 产品无在产品。9 月末，A 产品在产品应负担的原材料为 3 400 元，B 产品全部完工。9 月份发生下列经济业务：

（1）基本生产车间领用原材料，实际成本为 13 200 元，其中，A 产品耗用 10 000 元，B 产品耗用 3 200 元。

（2）基本生产车间领用低值易耗品，实际成本 500 元，该企业低值易耗品采用一次摊销法摊销。

（3）计算提取固定资产折旧费 1 150 元，其中车间折旧费 980 元，厂部管理部门折旧费 170 元。

（4）应付职工工资 5 000 元，其中，生产工人工资 3 000 元（生产 A 产品工人的工资为

1 800 元，生产 B 产品工人的工资为 1 200 元），车间管理人员工资 500 元，厂部管理人员工资 1 500 元。

（5）提取职工福利费 700 元，其中，生产工人福利费 420 元（生产 A 产品工人的福利费为 252 元，生产 B 产品工人的福利费为 168 元），车间管理人员福利费 70 元，厂部管理人员福利费 210 元。

（6）分配间接费用。

要求：

（1）根据上述经济业务，编制会计分录。

（2）计算 A、B 两种产品总成本及 A 产品在产品成本。

（3）结转完工产品成本。

3. 某工业企业生产甲产品，经过两个步骤连续加工制成，所用原材料在生产开始时一次投入，各步骤计入产成品成本的费用采用约当产量法计算，有关产量、费用资料见下表。

本月各步骤产量资料 单位：件

摘要	月初在产品	本月投入	本月完工	月末在产品	完工程度
第一步骤	100	150	200	50	60 %
第二步骤	80	200	240	40	40 %

各步骤月初及本月生产费用资料 单位：元

摘要		直接材料	直接人工	制造费用	合计
第一步骤	月初在产品成本	15 000	1 200	1 600	
	本月生产费用	45 000	4 000	5 200	
第二步骤	月初在产品成本		1 550	2 450	
	本月生产费用		5 650	7 630	

要求：采用平行结转分步法计算甲产品成本，完成各步骤基本生产成本明细账的登记，并汇总各步骤份额，计算产成品的总成本。

第一步骤基本生产成本明细账

摘要	直接材料	直接人工	制造费用	合计
月初在产品成本				
本月发生费用				
合计				
分配率				
计入完工产品的份额				
月末在产品成本				

第二步骤基本生产成本明细账

摘要	直接材料	直接人工	制造费用	合计
月初在产品成本	——			
本月发生费用	——			
合计	——			
分配率	——			
计入完工产品的份额	——			
月末在产品成本	——			

甲产品成本汇总表

摘要	直接材料	直接人工	制造费用	合计
第一步骤份额				
第二步骤份额	——			
完工总成本				

第五章　成本会计报表编制

一、填空题

1．通过成本报表资料，能够及时发现在生产、________、________和管理等方面取得的成绩和存在问题。

2．生产成本报表是指根据日常成本核算资料定期编制的，用于反映企业一定时期产品成本水平、考核________________和________________的书面报告。

3．反映产品成本情况的报表有__________、__________等。

4．反映各种费用支出的报表有制造费用明细表、________________和________________等。

5．成本报表的编制应符合真实性、重要性、正确性、________和________的基本要求。

二、单项选择题

1．下列不属于成本报表的是（　　）。

A．商品产品成本表　　B．主要产品单位成本表

C．现金流量表　　D．制造费用明细表

2．在产品单位成本表中，不需要反映的指标是（　　）。

A．“主要技术经济指标”项目　　B．“历史先进水平”项目

C．“上年实际平均”项目　　D．“本年累计实际总额”项目

3．产品生产成本表可以考核（　　）。

A．全部产品生产成本和各种主要产品生产成本计划的执行结果

B．制造费用、企业管理费用计划的执行结果

C．可以按照成本项目分析、考核主要产品单位成本计划的执行结果

D．主要产品技术经济指标执行情况

4．下列不属于按编制的时间分类的成本报表是（　　）。

A．年报　　B．季报

C．月报　　D．时报

5．制造费用明细表一般按（　　）编制。

A．年　　B．季

C．月　　D．日

6．下列关于成本报表说法不正确的是（　　）。

A．根据日常成本核算资料定期编制

B．用于反映企业某一特定日期产品成本水平

C．考核产品成本计划的书面报告

D．考核生产费用预算执行情况的书面报告

7．（　　）是反映企业在报告期内生产的各种主要产品单位成本构成情况和各项主要技术经济指标报告情况的报表。

A．主要产品单位成本表　　B．产品明细表
C．制造费用明细表　　D．产品总成本表

8．“历史先进水平”项目根据本企业历史上该种产品（　　）成本资料填列。
A．最低年度的实际平均单位成本和实际单位用量成本
B．最高年度的实际平均单位成本和实际单位用量成本
C．最低年度的实际平均单位成本和计划单位用量成本
D．最高年度的实际平均单位成本和计划单位用量成本

9．制造费用明细表反映（　　）的制造费用。
A．基本生产车间　　B．辅助生产车间
C．基本生产车间和辅助生产车间　　D．企业自主决定

10．下列不属于编制成本报表要求的是（　　）。
A．真实性　　B．及时性
C．完整性　　D．谨慎性

三、多项选择题

1．编制成本报表具有（　　）意义。
A．综合反映报告期内的产品成本
B．评价和考核各成本环节成本管理的业绩
C．可利用成本资料进行成本分析
D．成本报表资料为制定成本计划提供依据

2．按反映的内容划分，成本报表可分为（　　）。
A．反映产品成本情况的报表　　B．反映各种费用支出的报表
C．反映期间费用情况的报表　　D．反映预算执行情况的报表

3．下列反映各种费用支出的报表有（　　）。
A．制造费用明细表　　B．管理费用明细表
C．销售费用明细表　　D．产品生产成本表

4．通过各种费用支出报表，有利于企业和主管部门（　　）。
A．正确制定费用预算
B．控制费用支出
C．考核费用支出指标的合理性
D．明确有关部门和人员的经济责任，防止随意扩大费用开支范围。

5．（　　）是编制成本报表的依据。
A．报告期的成本账簿资料　　B．本期成本计划及费用预算等资料
C．以前年度的会计报表资料　　D．企业有关的统计资料和其他资料

6．下列选项中，符合编制成本报表要求的有（　　）。
A．重要性　　B．可比性
C．完整性　　D．谨慎性

7．制造费用明细表编制说法正确的有（　　）。
A．“本年计划”根据制造费用预算中的有关项目数字填列
B．“上年实际”根据上年本表的“本年累计实际”填列

C．“本月实际”根据制造费用明细账上本月发生数填列

D．“本年累计实际”填列自年初起至编报月末止的累计实际，应根据制造费用明细账的记录计算填列，或根据本月实际加上期本表的本年累计实际填列

8．利用制造费用明细表所提供的资料（　　　　）。

A．可以考核制造费用计划的执行情况

B．分析各项费用的构成情况

C．分析各项费用的增减变动原因

D．可进一步采取措施，节约开支，降低费用

9．“主要技术经济指标”根据主要产品每一单位产量所消耗的（　　　　）等资料整理填列。

A．主要原材料　　　　B．燃料

C．工时　　　　D．统计

10．成本报表根据管理上的要求一般可按（　　　　）编报。

A．月　　　　B．季

C．年　　　　D．天

四、判断题

1．成本报表是指根据日常成本核算资料定期编制的、只用于反映企业一定时期产品成本水平的书面报告。（　　）

2．通过成本报表资料，能够及时发现在生产、技术、质量和管理等方面取得的成绩和存在的问题。（　　）

3．编制成本报表的要求对于所有重要的项目，在成本报表中应单独列示，以显示其重要性。（　　）

4．编制成本报表的完整性要求为：编制的各种成本报表必须齐全，应填列的指标和文字说明必须全面；表内项目和表外补充资料无论是根据账簿资料直接填列，还是分析计算填列，都应当准确无误，不得取舍。（　　）

5．编制成本报表的及时性要求为：按规定日期报送成本报表，保证成本报表的及时性，以便各方面利用和分析成本报表，充分发挥成本报表的应有作用。（　　）

6．“历史先进水平”应根据本企业历史上该种产品成本最高年度的实际平均单位成本和实际单位用量成本资料填列。（　　）

7．生产成本明细表是反映工业企业在报告期内发生的制造费用及其构成情况的报表。（　　）

8．利用成本资料进行分析时，把注意力放在解决那些属于正常的、对成本有重要影响的关键性差异上。（　　）

9．按成本项目编制而成的产品生产成本报表反映企业在报告期所生产全部产品的总成本和各种主要产品单位成本及总成本。（　　）

10．成本报表根据管理上的要求只能按月、按季、按年编报。（　　）

五、简答题

1．简述编制成本报表的意义。

2．请说明编制成本报表的要求。

3．成本报表的分类有哪些？

4．产品生产成本表包括哪几种？

六、计算题

1．正源公司生产的甲产品为该公司的主要产品，20×× 年 12 月，甲产品本月计划产量 180 件，实际产量 200 件，本月累计计划产量 2 350 件，累计实际产量 2 450 件，销售单价 168 元，甲产品单位成本原始资料见下表。

甲产品单位成本原始资料表

编制单位　　年　月　日　　单位：元

成本项目	历史先进水平	上年实际	本年计划	本月实际	本年累计实际
	平均成本	平均成本	平均成本	实际成本	平均成本
直接材料	67.1	67.3	67	68	67
直接人工	29	29	30	29.6	30.1
制造费用	37.9	37.9	38	39.2	38.8
合计	134	134.2	135	136.8	135.9

要求：根据提供的甲产品有关成本资料，编制甲产品单位成本表。

甲产品单位成本表

编制单位　　年　月　日　　单位：元

产品名称			本月计划产量		
规格			本月实际产量		
计量单位			本月累计计划产量		
销售单价			本月累计实际产量		
成本项目	历史先进水平	上年实际水平	本年计划	本月实际	本年累计实际平均
直接材料					
直接人工					
制造费用					
合计					

2．阳光公司20××年12月生产车间制造费用明细资料见下表。

制造费用明细资料

20××年12月　　单位：元

项目	上年同期实际	本月计划	本月实际	1—11月实际累计
薪酬费	3 695	3 872	3 949	42 720
办公费	700	800	800	9 200
折旧费	3 000	3 300	3 350	36 860
运输费	1 380	1 500	1 300	15 700
租赁费	450	600	650	7 400
保险费	700	800	820	9 120
水电费	400	500	500	5 460
劳保费	300	400	430	4 880
机物料消耗	180	210	220	2 470
其他	127	153	170	1 400
合计	10 932	12 135	12 189	135 210

要求：编制制造费用明细表。

制造费用明细表

编制单位：　　　　20×× 年 12 月　　　　单位：元

项目	行次	本月计划	上年同期实际	本月实际	本年累计实际
薪酬费	1				
办公费	2				
折旧费	3				
运输费	4				
租赁费	5				
保险费	6				
水电费	7				
劳保费	8				
机物料消耗	9				
其他	10				
合计	11				

第六章　批发主营业务成本核算

一、填空题

1．进价金额核算法又称为______________核算法，是指库存商品的总分类账户和明细分类账户都只反映进价金额、不反映实物数量的一种核算方法。

2．商业批发业采用进价金额核算，需要设置___________、__________和“发出商品”账户。

3．商品流通企业的采购成本包括采购价款和________________两部分。

4．进价金额核算法主要包括个别计价法、_________________________、___________________________、移动加权平均法和毛利率法。

5．毛利率法是指根据本期商品销售收入乘以_____________________或_______________________，推算出商品销售毛利，进而推算出成本的一种方法。

二、单项选择题

1．根据批发业经营的特点，对销售的商品一般采用（　　）核算。

A．进价金额法　　B．计划成本法

C．售价金额法　　D．实际成本法

2．商业批发业采用进价金额核算，一般不需要设置（　　）账户。

A．在途物资　　B．库存商品

C．发出商品　　D．工程物资

3．进价金额核算法不包括（　　）。

A．个别计价法　　B．先进先出法

C．一次加权平均法　　D．联合单位法

4．某企业为增值税一般纳税人，20×× 年 4 月购入 A 材料 1 000 公斤，增值税专用发票上注明价款 30 000 元，增值税 4 800 元，该批材料在运输途中发生 1 % 的合理损耗，实际验收入库 990 公斤，入库前发生挑选整理费用 300 元。该批入库 A 材料的实际总成本为（　　）元。

A．29 700　　B．29 997

C．30 300　　D．35 100

5．某商品流通企业（增值税一般纳税人）采购甲商品 100 件，每件售价 2 万元，取得的增值税专用发票上注明的增值税 32 万元，另支付采购费用 10 万元（金额较大）。该企业采购的该批商品的单位成本是（　　）万元。

A．2　　B．2.1

C．2.32　　D．2.42

6．某企业原材料按实际成本进行日常核算。20×× 年 3 月 1 日结存甲材料 300 公斤，每公斤实际成本为 20 元；3 月 15 日购入甲材料 280 公斤，每公斤实际成本为 25 元；3 月 31 日发出甲材料 200 公斤。如按先进先出法计算，3 月份发出甲材料的实际成本为（　　）元。

A．400　　B．500

C．4 000　　D．1 400

7．某企业 3 月 1 日存货结存数量为 200 件，单价为 4 元；3 月 2 日发出存货 150 件；3 月 5 日购进存货 200 件，单价 4.4 元；3 月 7 日发出存货 100 件。在对存货发出采用移动加权平均法核算的情况下，3 月 7 日结存存货的实际成本为（　　）元。

A．648　　B．432

C．1 080　　D．1 032

8．某商场采用毛利率法对商品的发出和结存进行日常核算。20×× 年 7 月，甲类商品期初库存余额为 15 万元。该类商品本月购进为 20 万元，本月销售收入为 25 万元，本月销售折让为 1 万元。上月该类商品按扣除销售折让后计算的毛利率为 20 %。假定不考虑相关税费，20×× 年 7 月该类商品月末库存成本为（　　）万元。

A．10　　B．15.8

C．15　　D．19.2

9．商品流通企业购入商品时发生的如下支出中，应当直接计入当期损益的是（　　）。

A．运输费　　B．保险费

C．买价中包含的消费税　　D．享受的现金折扣

10．甲公司存货的日常核算采用毛利率法计算发出存货成本。该企业 20×× 年 4 月份销售收入 500 万元，销售成本 460 万元，4 月末存货成本 300 万元。5 月份购入存货 700 万元，销售收入 600 万元，发生销售退回 40 万元。假定不考虑相关税费，该企业 20×× 年 5 月末存货成本为（　　）万元。

A．448　　B．484.8

C．540　　D．440

三、多项选择题

1．下列项目中，应计入材料采购成本的有（　　）。

A．制造费用

B．进口关税

C．运输途中的合理损耗

D．一般纳税人购入材料支付的可以抵扣的增值税

2．企业对发出存货的实际成本进行计价的方法有（　　）。

A．个别计价法　　B．加权平均法

C．先进先出法　　D．后进先出法

3．下列各项与存货相关的费用中，应计入存货成本的有（　　）。

A．材料采购过程中发生的保险费

B．材料入库前发生的挑选整理费

C．在生产过程中为达到下一个生产阶段所必需的仓储费用

D．非正常消耗的直接材料

4．下列关于个别计价法说法正确的有（　　）。

A．个别计价法又称分批实际进价法，是指认定每一件或每一批商品的实际进价，计算该件或该批商品销售成本的计算方法

B．在整批购进分批销售时，根据该批商品的实际购进单价，乘以销售数量计算商品销售成本

C．采用个别计价法，需对每次销售的商品分别存放，并分户登记库存商品明细

D．采用个别计价法计算商品销售成本时，可以逐日结转商品销售成本

5．下列关于先进先出法说法正确的有（　　　　）。

A．先进先出法是指根据先购进先销售的原则，先购进商品的价格先作为商品销售成本的计算方法

B．先进先出法只用顺算成本的方法逐日结转成本

C．先进先出法是以先入库的商品先发出这一假定为依据

D．先进先出法计算手续比较烦琐，但可及时计算每种商品的发出与结存金额，便于管理部门及时掌握商品资金的动态，加快结账的进度

6．下列属于一次加权平均法特点的有（　　　　）。

A．以数量为权数计算各种商品的平均单位成本

B．在实际工作中，通常根据本月购入商品及月初结存商品的数量和单价，于月末一次计算加权平均单价

C．商品平均单价要等到月末才能计算出来，有时会影响核算的及时性

D．加权平均法计算出来的商品销售成本较为均衡

7．下列关于移动加权平均法说法正确的有（　　　　）。

A．以各次收入数量和金额与各次收入前的数量和金额为基础，计算出移动加权平均单价

B．计算出来的商品销售成本比一次加权平均法更为准确

C．计算的工作量大

D．一般适用于经营品种不多，或者前后购进商品的单价相差幅度较大并逐日结转商品销售成本的企业

8．下列关于毛利率法说法正确的有（　　　　）。

A．相对来说，采用毛利率法计算商品的销售成本比较简便

B．计算出来的商品销售主营业务成本往往不够准确

C．一般适用于经营商品品种较多、按月计算商品销售成本有困难的企业

D．一般适用于经营品种不多，或者前后购进商品的单价相差幅度较大并逐日结转商品销售成本的企业

9．商品流通企业发出商品结转成本一般会使用（　　　　）账户。

A．主营业务成本　　B．库存商品

C．其他业务成本　　D．资产处置损益

10．购入商品抵达仓库前发生的包装费、运杂费等进货费用可以计入（　　　　）。

A．管理费用　　B．销售费用

C．产品成本　　D．主营业务成本

四、判断题

1．商品流通企业在采购商品过程中发生的采购费用，不计入商品成本。（　　）

2．购入材料在运输途中发生的合理损耗不需单独进行账务处理。（　　）

3．存货计价方法的选择，不仅影响着资产负债表中资产总额的多少，而且也影响利润

表中的净利润。（　　）

4．属于非常损失造成的存货毁损，应按该存货的实际成本计入营业外支出。（　　）

5．企业对于为建造固定资产等各项工程而储备的材料，在资产负债表的“存货”项目中。（　　）

6．存货发出采用先进先出法时，发出存货的成本比较接近其重置成本。（　　）

7．对不同的材料可以采用不同的计价方法，但计价方法一经确定，不得随意变更。（　　）

8．在物价波动的情况下，用先进先出法计算的期末存货的价值较接近于目前的价格水平。（　　）

9．小规模纳税企业，其采购货物支付的增值税，无论是否在发票上单独列明，一律计入所购货物的采购成本。（　　）

10．批发业对销售的商品，一般采用进价金额核算法。（　　）

五、简答题

1．进价金额核算法包括哪些成本计算法?

2．简述先进先出法在成本核算中的计算特点。

3．请说明一次加权平均法和移动加权平均法成本计算的不同之处。

六、计算题

1．盛世百货批发公司20××年第三季度各大类商品的销售收入和上季度实际毛利率见下表。

销售收入	家电类	服装类	食品类	玩具类
7月	2 210 000	1 676 600	5 201 600	193 160
8月	327 400	1 933 800	7 133 500	2 477 100
9月	5 127 100	1 717 200	8 200 760	2 267 540
第二季度毛利率（%）	30	38	27	33

要求：应用毛利率法按商品大类计算第三季度各月份的商品销售成本。

2．龙城电器批发公司 20×× 年 3 月份有关电锅期初余额、进销业务记录等有关资料如下：

3 月期初余额

商品类别	批次	品名	规格	计量单位	数量	单价	金额	销售牌价
烧锅类	511	电锅	18 cm	只	2 400	16.75	40 200	18.2

3 月进销业务记录

<table>
<tr><th colspan="2">20×× 年</th><th rowspan="2">业务号数</th><th colspan="4">购进</th><th colspan="4">销售</th></tr>
<tr><th>月</th><th>日</th><th>批次</th><th>数量</th><th>单价</th><th>金额</th><th>批次</th><th>数量</th><th>单价</th><th>金额</th></tr>
<tr><td>3</td><td>1</td><td>1</td><td></td><td></td><td></td><td></td><td>511</td><td>1 000</td><td>18.2</td><td>18 200</td></tr>
<tr><td></td><td>3</td><td>2</td><td>512</td><td>3 000</td><td>16.8</td><td>50 400</td><td></td><td></td><td></td><td></td></tr>
<tr><td></td><td>6</td><td>3</td><td></td><td></td><td></td><td></td><td>512</td><td>1 500</td><td>18.2</td><td>27 300</td></tr>
<tr><td rowspan="2"></td><td rowspan="2">9</td><td rowspan="2">4</td><td rowspan="2"></td><td rowspan="2"></td><td rowspan="2"></td><td rowspan="2"></td><td>511</td><td>1 000</td><td rowspan="2">18.2</td><td rowspan="2">32 760</td></tr>
<tr><td>512</td><td>800</td></tr>
<tr><td></td><td>12</td><td>5</td><td>513</td><td>4 000</td><td>16.85</td><td>67 400</td><td></td><td></td><td></td><td></td></tr>
<tr><td></td><td>15</td><td>6</td><td></td><td></td><td></td><td></td><td>513</td><td>1 400</td><td>18.2</td><td>25 480</td></tr>
<tr><td rowspan="2"></td><td rowspan="2">17</td><td rowspan="2">7</td><td rowspan="2"></td><td rowspan="2"></td><td rowspan="2"></td><td rowspan="2"></td><td>511</td><td>400</td><td rowspan="2">18.2</td><td rowspan="2">36 400</td></tr>
<tr><td>513</td><td>1 600</td></tr>
<tr><td></td><td>20</td><td>8</td><td>514</td><td>3 000</td><td>16.88</td><td>50 640</td><td></td><td></td><td></td><td></td></tr>
<tr><td></td><td>21</td><td>9</td><td></td><td></td><td></td><td></td><td>514</td><td>1 200</td><td>18.2</td><td>21 840</td></tr>
<tr><td rowspan="2"></td><td rowspan="2">30</td><td rowspan="2">10</td><td rowspan="2"></td><td rowspan="2"></td><td rowspan="2"></td><td rowspan="2"></td><td>512</td><td>690</td><td rowspan="2">18.2</td><td rowspan="2">23 478</td></tr>
<tr><td>514</td><td>600</td></tr>
<tr><td></td><td></td><td>合计</td><td></td><td></td><td></td><td></td><td></td><td></td><td></td><td></td></tr>
</table>

要求：分别采用先进先出法、移动加权平均法和一次加权平均法计算和结转商品销售成本。

第七章　零售主营业务成本核算

一、填空题

1. ____________指从工农业生产者、批发贸易企业或居民购进商品，转卖给城乡居民作为生活消费和售给社会集团作为公共消费的商品流通企业。

2. 零售业设置的“库存商品”账户应按____________分户，设置明细账。总账与明细账都只记金额，通过金额控制，而不需要登记实物数量。

3. “商品采购”账户属于____________类账户。

4. 在售价金额核算法下，商品的入库金额是商品的售价金额。售价金额是在采购成本或采购价格的基础上加上一定的________，再加上销售商品的________所形成的销售价格。

5. 零售业成本核算除售价金额法外，还有综合差价推算法和____________。

二、单项选择题

1. （　　）是指商品零售企业采购商品的入库和销售商品的发出，都按售价进行核算。

A. 售价金额核算法　　B. 实际进价法

C. 毛利率法　　D. 联合单位法

2. 售价金额核算法将售价与进价之间的差额通过（　　）账户进行核算。

A. 商品进销差价　　B. 材料成本差异

C. 管理费用　　D. 主营业务成本

3. 零售业对销售的商品，一般采用（　　）进行核算。

A. 售价金额核算法　　B. 计划成本法

C. 进价金额法　　D. 实际成本法

4. “进货费用”账户属于（　　）账户。

A. 资产类　　B. 损益类

C. 成本类　　D. 共同类

5. （　　）用来核算商品流通企业进行商品采购发生的采购成本。

A. “商品采购”账户　　B. “库存商品”账户

C. “商品进销差价”账户　　D. “进货费用”账户

6. “商品进销差价”账户是（　　）的调整账户。

A. 原材料　　B. 在途物资

C. 商品采购　　D. 库存商品

7. 按照现行会计准则的要求，商品流通企业在采购商品过程中发生的进货费用不应当计入存货采购成本或销售费用的是（　　）。

A. 运输费　　B. 装卸费

C. 招待费　　D. 报销费

8. 某商场库存商品采用售价金额核算法进行核算。20××年5月初，库存商品的进价成本为34万元，售价总额为45万元；当月购入商品的进价成本为126万元，售价总额为

155 万元；当月销售收入为 130 万元；月末结存商品的实际成本为（　　）万元。

A．30　　B．56

C．104　　D．130

9．某商场采用售价金额法核算库存商品。20×× 年 3 月 1 日，该商场库存商品的进价成本总额为 180 万元，售价总额为 250 万元；本月购入商品的进价成本总额为 500 万元，售价总额为 750 万元；本月实现的销售收入总额为 600 万元。不考虑其他因素，20×× 年 3 月 31 日该商场库存商品的成本总额为（　　）万元。

A．408　　B．400

C．272　　D．192

10．商业企业购进商品进货费用较小的，可以直接计入（　　）账户。

A．营业外支出　　B．销售费用

C．主营业务成本　　D．管理费用

三、多项选择题

1．下列属于零售业经营特点的有（　　）。

A．交易对象是为直接消费而购买商品的最终消费者

B．零售贸易的标的物不仅有商品，还有劳务

C．零售贸易的交易量零星分散，交易次数频繁

D．零售贸易受消费者购买行为的影响比较大

2．下列关于售价金额法说法正确的有（　　）。

A．商品零售企业采购商品的入库和销售商品的发出，都按售价进行核算

B．售价与进价之间的差额通过“商品进销差价”账户进行核算

C．在商品销售以后，再按进销差价率将进销差价分配给已销商品，从而将已销商品的售价成本调整为进价成本

D．售价与进价之间的差额通过“材料成本差异”账户进行核算

3．商业零售业采用售价金额核算，需要设置（　　）账户。

A．商品采购　　B．库存商品

C．商品进销差价　　D．进货费用

4．关于“商品采购”账户说法正确的有（　　）。

A．该账户用来核算商品流通企业进行商品采购发生的采购成本

B．商品采购账户核算的采购成本只包括商品的买价，不包括进货费用

C．该账户借方登记商品的采购成本，贷方登记到达并验收入库商品的采购成本

D．该账户也可用“在途商品”账户代替

5．关于“库存商品”账户说法正确的有（　　）。

A．该账户借方登记入库商品的销售金额

B．该账户贷方登记结转的已销售商品的含增值税售价金额

C．期末借方余额反映的是库存商品（包括库房存和柜台存）含应收取的增值税在内的售价金额

D．在售价金额核算法下，库存商品的增减变动和结存情况均按售价记载

6．关于“商品进销差价”账户说法正确的有（　　）。

A．该账户是库存商品的调整账户

B．核算企业采用售价金额法核算的商品售价与进价之间的差额

C．贷方登记购进商品的售价大于进价的差额

D．如对库存商品调低价格，调低部分的价款登记在借方

7．按照现行会计准则的要求，商品流通企业在采购商品过程中发生的进货费用，包括（　　　）等运杂费，应当计入存货采购成本。

A．运输费　　　　B．装卸费

C．保险费　　　　D．利息费

8．关于“进货费用”账户说法正确的有（　　　）。

A．该账户属于成本类账户

B．该账户借方登记本期发生的进货费用

C．该账户贷方登记期末已销售商品分摊的进货费用

D．期末借方余额反映的是期末库存商品应承担的进货费用

9．按现行会计准则，商业企业购入商品发生的进货费用，如运输费、装卸费、保险费等，有（　　　）等处理方式。

A．将进货费用直接计入商品采购成本

B．单独归集，期末在已销商品和期末库存商品之间进行分配

C．进货费用如果金额较小，可在发生的当期直接计入销售费用

D．进货费用如果金额较小，可在发生的当期直接计入管理费用

10．在售价金额核算法下，核算的售价金额涉及（　　　）。

A．采购成本或采购价格　　　　B．毛利

C．增值税销项税额　　　　D．增值税进项税额

四、判断题

1．采用售价金额核算法核算库存商品时，期末结存商品的实际成本为本期商品销售收入乘以商品进销差价率。（　　）

2．在售价金额核算法下，商品的采购成本仅包括商品的买价。（　　）

3．零售业进货费用如果金额较小，可在发生的当期直接计入营业外支出。（　　）

4．“商品进销差价”账户是“库存商品”账户的备抵账户。（　　）

5．“商品采购”账户核算的采购成本只包括商品的买价，不包括进货费用。（　　）

6．在售价金额核算法下，库存商品的增减变动和结存情况均按进价记载。（　　）

7．“库存商品”账户贷方登记结转的已销售商品的含增值税售价金额。（　　）

8．购进商品的进货费用如果单独归集，可以设置“进货费用”账户。（　　）

9．商品零售业成本核算除售价金额法外，没有其他核算方法。（　　）

10．商品的采购成本指的是商品采购的实际成本。（　　）

五、简答题

1．简述商品零售业的经营特点。

2. 售价金额核算法需要设置哪些账户？请说明各账户的核算内容。

3. 商品零售业的进货费用有哪几种处理方式？

六、计算题

1. 誉城超市采用将进货费用直接计入采购成本的核算方式。20×× 年 12 月 31 日，各有关资料见库存商品盘存表，服装柜和食品柜库存商品盘存与百货柜和服装柜的受托代销商品盘存表均从略。根据各营业柜组的库存商品盘存表和受托代销商品盘存表编制商品盘存汇总表。已知百货柜、服装柜、食品柜年末"商品进销差价"账户余额分别为 72 601 元、70 672 元和 55 335 元。

库存商品盘存表

部门：百货柜　　20×× 年 12 月 31 日

品名	规格（cm）	计量单位	盘存数量	销售价格		购进价格	
				单价（元）	金额（元）	单价（元）	金额（元）
童棉毛内衣	70	套	96	18	1 728	13.5	1 296
女棉毛内衣	90	套	120	20	2 400	15	1 800
男棉毛内衣	110	套	104	22	2 288	16.5	1 716
小计					6 416		4 812
合计					119 400		90 588.78

商品盘存汇总表

20×× 年 12 月 31 日　　单位：元

部门	库存商品售价金额	库存商品进价金额	受托代销商品售价金额	受托代销商品进价金额	商品进销差价
百货柜	119 400	90 588.78	32 000	24 278.40	36 532.82
服装柜	118 000	88 205.98	24 000	17 942	35 851.42
食品柜	101 400	74 801.30			26 598.70
合计	338 800	253 596.06	56 000	42 220.40	98 982.94

要求：以各柜组为成本核算对象，计算本期已销商品进销差价并列出相关会计分录。

2. 美肤零售公司化妆品柜在20××年12月31日对其库存商品进行实地盘点，其结果见“商品盘存及进销价格计算表”。该柜组年末“库存商品”账户余额为406 600元、“商品进销差价”账户余额为225 000元。

商品盘存及进销价格计算表

柜组：化妆品　　　　20××年12月31日　　　　单位：元

商品品种	单位	盘存数量	购进价		零售价	
			单价（元）	金额（元）	单价（元）	金额（元）
A	瓶	1 200	23.5	28 200	32.1	38 520
B	套	2 000	13.68	27 360	47.8	95 600
C	瓶	1 400	46.6	65 240	60.1	84 140
D	套	500	150.9	75 450	199.2	99 600
E	瓶	1 800	38.5	69 300	49.3	88 740
合计		——	——	265 550	——	406 600

要求：根据上表计算库存商品进销差价和已销商品应分摊的进销差价并进行相关账务处理。